LA
LIBERTÉ & L'ÉTAT

PRINCIPES GÉNÉRAUX

A

M. L'Abbé CHÈRE

DOCTEUR EN THÉOLOGIE
PROFESSEUR DE DOGME AU SÉMINAIRE DE LONS-LE-SAUNIER

Veritas liberabit vos
Joan . VIII, 32.

GRENOBLE

IMPRIMERIE BARATIER & DARDELET, GRAND'RUE, 4.

—

1883

LA
LIBERTÉ & L'ÉTAT

PRINCIPES GÉNÉRAUX

PAR

M. L'Abbé CHÈRE

DOCTEUR EN THÉOLOGIE
PROFESSEUR DE DOGME AU SÉMINAIRE DE LONS-LE-SAUNIER

Veritas liberabit vos
Joan . VIII, 32.

GRENOBLE

IMPRIMERIE BARATIER & DARDELET, GRAND'RUE, 4.

—

1883

Ce travail sur *la Liberté et l'Etat* a été lu au 7⁰ Congrès des Jurisconsultes Catholiques, tenu à Reims les 6, 7 et 8 octobre 1882. L'auteur, rapporteur avec M. Gustave Théry de la Première Commission, le donne ici tel qu'il a paru dans le Compte-Rendu du Congrès, publié par la *Revue Catholique des Institutions et du Droit*. Il n'a fait que mettre en tête une courte introduction, et a ajouté aux trois rapports dont l'avait chargé la Première Commission l'article sur *la Mission de l'Etat*, sans lequel cette étude n'eût pas été complète.

Puissent ces quelques pages aider à la propagation et à l'intelligence de la vraie doctrine, en dehors de laquelle il ne saurait y avoir de salut pour les sociétés.

Lons-le-Saunier, le 18 janvier 1883, en la fête de la Chaire de Saint Pierre.

LA LIBERTÉ ET L'ÉTAT

PRINCIPES GÉNÉRAUX

La question de *La Liberté et de l'Etat* est sans contredit une des plus importantes de l'époque actuelle. A mesure en effet que se consommait la séparation de la Société *moderne* d'avec l'Eglise, on a vu les esprits, méconnaissant la nature comme la vraie fin du pouvoir social, revenir à la monstrueuse conception païenne de l'Etat-Dieu. La Société civile, s'il fallait s'en rapporter aux publiscites de la nouvelle école, serait l'unique source et l'arbitre suprême des droits de l'individu, qui irait s'absorber, avec la famille, dans ce grand tout qu'on appelle l'ETAT. Mais qui ne voit que c'est la destruction de tous droits, la ruine de toute liberté, l'anéantissement de l'homme moral. En cela comme pour tout le reste, le salut n'est que dans la doctrine Catholique, qui nous montre, dans le Pouvoir, le *Ministre de Dieu pour le bien*, le Gardien-né et le défenseur des droits de tous, tandis que les doctrines opposées font de l'homme une simple appartenance de l'Etat. A l'heure qu'il est, sachons-le bien, c'est la Liberté surtout qui est en péril : et la Vérité seule peut sauver la liberté. « *Veritas liberabit vos*, » a dit le Sauveur.

Il faut donc revenir à la vraie doctrine : plus que jamais il importe de la proclamer ; de la défendre contre les préjugés, la passion et l'erreur ; de l'embrasser dans son intégrité, sans mélange, la séparant de tout ce qui la fausserait ou diminuerait. Quand la réforme sera en train de se faire dans les intelligences, elle aura vite envahi le terrain des faits.

Quelle est la vraie doctrine sur la Liberté et l'Etat ? Il y a, sur ce point capital, à exposer d'abord les principes généraux : puis à en faire l'application dans les différentes sphères de la liberté de la famille, de la liberté individuelle, et des libertés sociales. C'est à l'exposé des principes généraux que nous consacrons la présente étude.

Cet exposé, pour être suffisamment complet, doit comprendre : la notion vraie de la liberté, la vraie doctrine sur la Mission de l'Etat et la mesure de son action. Nous le diviserons en quatre articles : Idée vraie de la Liberté ; — mission de l'Etat ; — Mesure de la Répression du Mal par l'Etat ; — Des lois injustes.

ARTICLE PREMIER

IDÉE VRAIE DE LA LIBERTÉ

La liberté consiste , pour l'homme , à être maître de ses actions. C'est l'exemption de tout lien, de tout ce qui enchaînerait notre volonté, notre faculté d'agir : et, comme il y a un double lien auquel l'homme peut être assujetti, l'un intérieur, la nécessité ; l'autre extérieur, la coaction, qu'on appelle aussi contrainte ou violence, l'Ecole distingue deux sortes de libertés : la liberté dite *de nécessité*, et la liberté *de coaction.*

La liberté dite de nécessité, *libertas a necessitate*, est, comme son nom l'indique , l'exemption de nécessité dans les déterminations de la volonté ; c'est la liberté de nécessité qui constitue l'être moral ; elle fait que l'homme s'appartient, qu'il est responsable de ses actes , capable de mérite et de démérite : on l'appelle pour cette raison, la liberté *morale.*

La liberté de coaction , *libertas a coactione*, est l'exemption de coaction, c'est-à-dire de toute contrainte ou violence qui s'imposerait du dehors à l'homme , pour l'empêcher d'agir ou le forcer à agir ; c'est la liberté de coaction qui constitue l'homme maître de ses actions extérieures ; elle regarde ainsi l'homme dans ses rapports avec ses semblables et appelle, comme à sa suite, la liberté *sociale*.

La liberté *sociale*, en effet, est la liberté de l'homme en société ; c'est cette garantie, cette protection accordée à l'individu, qui fait que l'homme exerce librement ses droits, qu'il se meut sans obstacles et en toute liberté vers sa fin. Elle se subdivise elle-même en liberté *de la famille*, liberté *individuelle*, liberté *sociale* proprement dite, selon que ces droits, garantis et protégés par l'Etat, regardent la famille, l'individu, le membre de la société civile.

Mais expliquons mieux, une fois ces premières données posées : — en quoi consiste la liberté morale et ce qui la constitue ; — ce qu'est la liberté de coaction ; — la liberté sociale.

§ 1er. — *Liberté morale.*

La liberté morale, qu'on appelle aussi le *Libre Arbitre*, se définit : *la faculté de choisir ; vis electiva*, disent les scolastiques. C'est, pour l'homme, la faculté de se déterminer diversement à son gré, de choisir entre plusieurs termes qui sont également en la puissance de sa volonté ; par exemple : entre vouloir ou ne pas vouloir prier ; entre vouloir prier ou vouloir chanter ; entre vouloir le bien ou vouloir son contraire, le mal. Ces termes de la détermination humaine doivent, pour que l'homme soit libre, être également en la puissance de sa volonté : de telle sorte que la volonté puisse, à son gré, se déterminer pour l'un ou pour l'autre, et que, tout en se déterminant pour l'un, elle conserve, à ce même moment, la puissance de se déterminer pour l'autre ; c'est ce qu'on appelle l'indifférence de puissance, ou l'état d'une faculté qui n'est point par nature, ou sous le poids d'une inclination invincible *(ineluctabiliter)*, déterminée *ad unum :* mais qui peut, entre plusieurs termes, se déterminer pour l'un ou pour l'autre. Ainsi je pouvais, à mon gré, être debout ou assis ; à ce même instant où j'ai choisi d'être debout, j'aurais pu également choisir d'être assis ; et maintenant que je demeure debout, il est toujours en ma puissance de m'asseoir. Indifférence donc de puissance dans la volonté, qui peut à son gré se déterminer pour l'un ou pour l'autre de plusieurs termes, soit contradictoires, soit *dispares* comme dit l'Ecole, soit contraires ; voilà la vraie liberté, la liberté dite de nécessité, sans laquelle l'homme ne serait pas maître de son action.

Mais là où il y a nécessité, la liberté cesse et isparaît : et il y a nécessité, relativement à un acte, quand la faculté est déterminée par nature, ou qu'elle est portée invinciblement (*ineluctabiliter*) à cet acte, de telle sorte qu'il ne soit pas en sa puissance de ne pas s'y déterminer, ou de se déterminer à un autre.

Or, la volonté de l'homme est bien, par nature, déterminée à vouloir en général ce bien qui constitue sa dernière fin et dans lequel seul elle peut se reposer ; dans tous ses actes, c'est ce bien qu'elle recherche, c'est à cette fin qu'elle tend ; elle ne peut, dans aucun cas, ne pas tendre au bonheur. Mais cette tendance nécessaire au bien, qui constitue la nature même de la volonté (*appétit rationnel du bien*), la volonté peut, choisissant entre deux biens, la déterminer, c'est-à-dire l'appliquer à tel bien particulier plutôt qu'à tel autre ; elle peut présentement mettre sa fin, qu'elle cherche nécessairement en tout, dans un bien déterminé, de préférence à un autre : que ce bien soit réel, ou apparent ; que cette fin soit ordonnée, ou non ordonnée : son action, toujours libre, sera, dans le premier

cas, bonne ; dans le second, mauvaise. Ce choix, cette détermination supposent des motifs ; ces motifs, c'est l'intelligence qui les propose; dans cet objet sur lequel peut porter la détermination de la volonté, l'intelligence, dit l'Ecole,
montre *hanc rationem*, dans cet autre, *aliam rationem
boni ;* la volonté pèse ces motifs, sans être, par nature ou
sous le poids d'une inclination invincible, entraînée par l'un
ou par l'autre : elle peut, à son gré, *pro nutu suo*, placer
le bien ici ou là; se déterminer pour un bien ou pour
l'autre ; prononcer, en un sens ou dans l'autre, l'*ultimum
dictamen* qui sera la décision libre ; c'est la Liberté.

L'Ecole résume toutes ces notions sur la liberté morale
dans ces deux propositions : *Est liberum arbitrium vis
electiva mediorum, servato ordine finis ; — Radicatur liberum arbitrium in intellectu.*

« Le propre de la nature raisonnable, dit saint Thomas,
est de tendre à sa fin, comme s'y portant elle-même, par
une action dont la volonté est maîtresse. Pour les êtres non
doués de raison, ils ne tendent à leur fin qu'autant qu'ils y
sont portés, par des actes qui ne sont pas en leur puissance
et auxquels les détermine l'auteur de leur nature. Il y a
toutefois cette différence entre les animaux et les êtres
privés de sens, que les premiers, doués d'une connaissance
matérielle, appréhendent cette fin à laquelle ils se portent
nécessités; les seconds, par exemple les plantes, privés de
toute connaissance, même matérielle, sont poussés aveu-
glément à leur fin sans qu'ils l'appréhendent d'aucune sorte,
à aucun degré. — *Proprium est naturæ rationalis, ut ten-
dat in finem* QUASI SE AGENS VEL DUCENS (*ex electione*) *ad
finem. Naturæ vero irrationalis, quasi ab alio acta vel
ducta, sive in finem* APPREHENSUM, *sicut bruta animalia,
sive in finem* NON APPREHENSUM, *sicut ea quæ omnino cog-
nitione carent.* » 1ª 2æ Q. 1 art. 2.

§ 2. — *Liberté de coaction.*

La liberté de coaction, avons-nous dit, est l'exemption de toute contrainte, ou pression extérieure à l'effet de nous arracher un acte ou de nous empêcher de le produire. Sans la liberté de coaction, l'homme n'est pas maître de ses actions extérieures ; elle est donc le complément de la liberté, mais ne la constitue pas. D'une part, en effet, en l'absence de toute coaction, je puis être nécessité *ab intrinseco* à une détermination ; je m'y porterai d'autant plus spontanémeut que ce sera ma nature, que j'y serai incliné invinciblement : et, à cause de cela même, je ne serai pas libre. La vraie liberté n'est donc pas constituée par l'exemption de coaction. C'est ce qu'a défini l'Eglise contre les Jansénistes, en condamnant cette proposition : « *Ad merendum vel demerendum in præsenti statu, non requiritur libertas a necessitate sed sufficit libertas a coactione.* » D'autre part, malgré la coaction qui peut s'exercer sur moi pour me forcer à agir, je demeure libre. La coaction, étant une pression extérieure, ne saurait atteindre ma volonté et ma détermination ; l'acte extérieur, obtenu par la force, si je ne l'ai voulu à aucun degré, ne sera pas mien : ce ne sera point, pour parler le langage de la théologie, un acte *humain*. Vainement cherchera-t-on à influer sur la détermination de ma volonté pour m'arracher l'acte ; je resterai toujours libre, maître de céder ou de ne pas céder, de résister ou de me laisser vaincre.

Toutefois, la coaction est une diminution de la liberté ; elle enlève à l'homme une liberté, celle de ses actions extérieures. De plus elle constitue un vrai péril pour la liberté *morale*, qui est la liberté essentielle à l'homme.

Sous la pression de la contrainte, la volonté, quoique toujours libre et toujours maîtresse, peut faiblir : encore que la coaction n'atteigne pas directement et immédiatement la volonté, elle l'atteint indirectement et médiatement ; la crainte, par exemple, influe sur la détermination, tendant à arracher l'acte, à l'empêcher ou à l'arrêter. L'homme n'est donc complètement maître de ses actions et parfaitement libre, qu'autant qu'il est exempt de toute coaction, qu'il peut se mouvoir sans obstacle là où le porte sa détermination, ne prenant qu'en lui, dans son intelligence et sa conscience, les motifs de sa détermination.

Il nous sera facile maintenant de voir en quoi consiste la liberté dite *sociale*.

§ 3. — *Liberté sociale.*

La liberté sociale, ainsi que nous l'avons dit, est la liberté de l'individu en société. Elle peut se définir *en droit* et *en fait*. Envisagée sous le premier aspect, c'est le droit qu'a l'individu à la protection du pouvoir social, à l'effet de pouvoir se mouvoir sans obstacles vers sa fin et de poser librement les actes qui, dans une sphère ou dans l'autre, constituent son développement légitime. En fait, c'est la jouissance paisible et totale de ce droit, c'est-à-dire la faculté qui est laissée et garantie à l'individu, sous la protection du pouvoir, de se mouvoir sans obstacles vers sa fin et de poser les actes qui, dans une sphère ou dans l'autre, constituent son développement légitime.

D'où l'on infère : 1º que l'étendue du droit ou de la liberté sociale se mesure sur ce qu'exige la double fin, naturelle et surnaturelle, de l'homme : soit qu'on prenne l'homme individuellement, soit qu'on le considère comme membre de la famille ou société domestique. Ainsi la Constitution d'un pays, qui met hors la loi les congrégations religieuses, en leur refusant l'exercice du droit naturel d'association, porte une atteinte profonde à la liberté des citoyens ; elle les prive du droit qu'a chaque individu, de choisir la vie religieuse, comme moyen d'atteindre plus parfaitement à sa fin surnaturelle. Ainsi encore, la loi qui astreindrait régulièrement tous les citoyens au service militaire, en empêcherait un certain nombre de vaquer à des devoirs plus importants, ou de remplir certaines fonctions d'utilité publique, d'un ordre supérieur ; elle serait, pour cette raison, une atteinte à la liberté sociale.

D'où l'on infère : 2° que, pour l'homme et en général pour toute créature, le chapitre des droits ne vient logiquement qu'après celui des devoirs. C'est du devoir que découle le droit ; je n'ai des droits que pour atteindre ma fin ; mes droits supposent donc que Dieu m'a destiné à une fin ; ils ne sont inviolables à tous, que parce que Dieu m'impose l'obligation de tendre à cette fin, et qu'il m'a donné pour cela des moyens ou facultés.

Mais, à considérer les choses absolument et en Dieu, c'est le droit qui précède le devoir. « Il faut distinguer, dit très bien l'abbé Chesnel, entre l'ordre absolu et l'ordre relatif des choses. L'ordre absolu est celui où les choses sont considérées en Dieu, et l'ordre relatif, celui où on les considère par rapport à la créature raisonnable. Dans l'ordre absolu, c'est du droit que dérive le devoir ; dans l'ordre relatif, c'est du devoir que découle le droit. Il est manifeste, en effet, que les créatures raisonnables ne seront obligées à certains devoirs, qu'autant que Dieu a droit de les soumettre à l'ordre que sa Sagesse leur impose. Donc ontologiquement et de soi, le droit existe en Dieu d'abord, puis le devoir dans les créatures. Maintenant, si nous passons de l'ordre absolu à l'ordre relatif : en tant que le droit et le devoir affectent la créature raisonnable, c'est le devoir qui est antérieur au droit. Les principaux droits de l'homme sont, en effet, ceux qu'il a pour atteindre sa fin. Il faut donc, préalablement à tout, envisager l'homme comme soumis par la divine Sagesse à l'ordre que la raison lui impose. D'où il suit que les droits découlent des devoirs et sont circonscrits par les devoirs, non pas en Dieu, mais chez les créatures de Dieu. » (*Les Droits de Dieu et les Idées modernes*, tome I, p. 214.)

D'où l'on infère : 3° Que l'erreur et le mal ne sauraient avoir de droits, et que la liberté *sociale* de l'erreur et du mal ne se conçoit même pas. Le droit, en effet, découlant du devoir, et la Vérité et le Bien pouvant seuls, d'autre part, être objet du devoir, c'est une contradiction que d'attribuer des droits quelconques à l'erreur et au mal.

Le mal, dans une société, peut et doit être toléré quand la répression en serait impossible ou nuisible; il ne saurait pour autant obtenir droit de cité. L'homme a malheureusement en sa puissance de faire le mal : mais c'est là un abus de sa liberté qui suppose la créature défectible ; ce n'est pas un droit.

Dans une société, même constituée chrétiennement, il pourra arriver que des hérétiques de naissance, victimes de préjugés qui leur rendent difficile leur retour à la vérité, soient objet de la tolérance des pouvoirs publics. Ils réclameront avec justice, tant que dureront les conditions dans lesquelles ils se trouvent, la liberté *sociale* qui leur permettra de ne point être inquiétés pour l'erreur qu'ils professent. Ce qu'on leur reconnaîtra ne sera point le droit à l'erreur ; l'erreur, dans cette société, ne sera pas pour autant mise sur le même pied que la vérité; à vrai dire même, ces hérétiques n'obtiendront point protection pour leur culte : leurs personnes seulement seront tolérées, et, ici encore, la tolérance qui leur est accordée, le droit qu'ils peuvent avoir à cette liberté *sociale* ainsi entendue,

répond à un devoir, le devoir pour l'hérétique de se con-
vertir à la vraie religion. C'est parce que l'homme a pour
première obligation d'aller à Dieu, qu'un pouvoir sage, en
tout état de société, se gardera, à l'égard de cette sorte
d'hérétiques, de toute mesure qui, en heurtant injuste-
ment ou violentant leur nature, leur fermerait, ou du
moins leur rendrait trop difficile la voie qui, seule, peut les
conduire ou les ramener à la vérité.

Telle est, si nous avons rendu fidèlement la doctrine de
l'Ecole, qui n'est autre que celle de l'Eglise, l'idée vraie de
la liberté, tant *morale* que *sociale*. Sans doute, c'est
cette dernière principalement qu'a eue en vue le congrès
de Reims, en inscrivant à son programme la question de
LA LIBERTÉ ET L'ETAT. Mais la liberté sociale ne se conçoit
pas sans la liberté morale. Si j'ai le droit de me mouvoir
sans obstacles vers ma fin, de n'être pas gêné dans le développement légitime de tout mon être ; si l'Etat me doit
la garantie et la protection de ce droit, c'est parce que
Dieu m'a placé *dans la main de mon conseil*, et qu'il
m'appartient d'atteindre ma fin par mes actes propres. Sans
liberté morale, la liberté sociale ne se conçoit même pas :
comme aussi, en l'absence de liberté morale, il n'y a plus
de droit ; il n'y a plus que la force.

La liberté morale, d'autre part, est le dernier retranche-
ment de la dignité humaine, la suprême ressource contre
l'oppression et la tyrannie, l'asile inviolable où se réfugie
l'homme, sûr d'y échapper à toute atteinte, d'y défier
toute oppression, d'y braver toute menace. On peut me
faire violence et m'enchaîner ; on peut me soustraire tous
biens extérieurs, m'infliger d'indicibles tourments : m'ar-
rachât-on mille vies, je triompherai encore à l'heure suprême, maître de tout, parce que je le suis de ma volonté.
Aidé et fortifié par Dieu, je pourrai ressentir en moi l'effet
de ces paroles sublimes qui, dans la bouche du grand pape
saint Grégoire, ont été l'éloge du bienheureux martyr Her-

ménégilde : « *Quia, etsi exterius jacebat ligatus, apud se tamen in magno mentis culmine stabat securus* (1). »

La grande victoire, la victoire suprême demeurera toujours celle du martyre ; et le martyre, c'est le triomphe de la liberté humaine appuyée sur Dieu.

ARTICLE SECOND

MISSION DE L'ÉTAT

Avant de déterminer, d'après la doctrine catholique, la mission de l'Etat, il ne sera pas sans utilité de rappeler ici ce qu'il faut entendre par l'*Etat*. Nous traiterons ensuite de la nature de sa mission ; puis des limites de son action, ou des droits de la famille, de l'individu et de l'Eglise vis-à-vis l'Etat.

§ 1er. — *Ce qu'il faut entendre par l'Etat.*

Il est devenu de mode, parmi certains publicistes modernes, de confondre la Patrie avec l'Etat politique. L'Etat,

---

(1) « Quoique étendu par terre , sous le poids de ses chaînes, en lui-même , au sommet divin de l'âme, il ne s'en tenait pas moins dans une grande paix et un parfait repos. » (*Extrait de l'office de S. Herménégilde, XIII avril, 5° leçon.*)

pour eux, si on le prend au sens abstrait, est un être de raison qu'on ne saurait définir. Entendu au sens concret, c'est, dans un pays, la faction au pouvoir qui fait loi, et à laquelle tout le reste doit se subordonner : notion manifestement fausse de l'Etat, et qui ne saurait convenir en particulier à la Patrie.

La Patrie, ainsi que son nom l'indique, est la terre des pères, celle qui nous a vu naître; le foyer où nous avons été reçus à notre entrée dans la vie; le pays auquel se rapportent nos premières impressions. La patrie se lie intimement à la famille dont elle n'est qu'une extension. En se multipliant et s'étendant, les familles ont formé peu à peu les bourgs, les cités : un même territoire a été ainsi successivement occupé par des familles de même souche; parlant la même langue; ayant le même tempérament, les mêmes coutumes, des intérêts communs; particulièrement aptes par conséquent à s'unir entre elles. Ce territoire a retenu le nom primitif de *patrie*, comme pour signifier qu'il n'était autre chose que l'extension de la maison paternelle et du sol domestique. L'amour de la famille se reportant à ce qui n'en était que l'extension, est devenu l'amour de la patrie, du pays; voilà la Patrie.

Quant à l'Etat : il ne diffère point en soi de la société civile elle-même; toutefois il désigne principalement, dans cette société, le Pouvoir, principe dirigeant, qui confère à la multitude l'unité spécifique qui en fait une société. Ainsi entendu, dans son vrai sens, l'Etat n'est point un être de raison, ni une pure abstraction, encore moins la faction dominante qui se subordonne tout, mais bien : *le pouvoir social existant dans des individus déterminés*, et qui a pour fin de procurer le bien commun de la société (1).

____

(1) Cfr ZIGLIARA, *Summ. phil.* vol. III, 57).

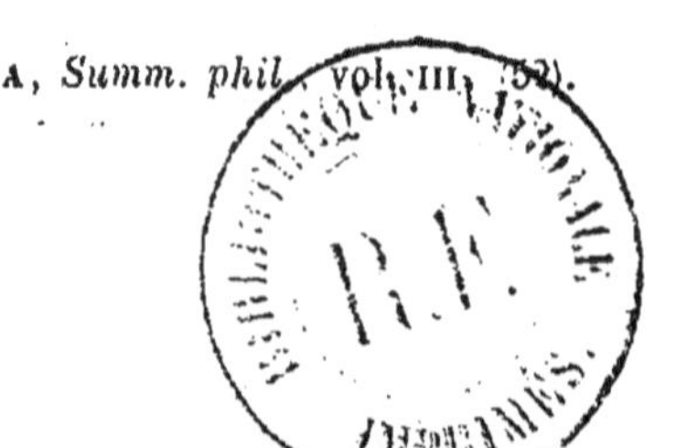

§ 2. — *Nature de la Mission de l'Etat.*

I. — L'Etat, ou pouvoir social, n'est ordonné qu'à procurer le bien commun de la société ; sa mission répond donc à la fin même de la société civile. Quelle est cette fin ?

« La fin immédiate à quoi tendent directement les sociétés humaines, a très bien dit l'abbé Chesnel, d'après Tapparelli, c'est le bien commun extérieur ordonné au bien intérieur de tous les membres et subordonné à la fin dernière de chacun d'eux (1). »

Expliquons cette formule. L'homme, à raison de son âme spirituelle et immortelle, a pour fin le vrai et le bien infini qui est Dieu : Dieu nous a appelés gratuitement à la claire vision de son essence, à la possession immédiate du bien infini ; c'est là la fin surnaturelle et dernière. — Mais la condition nécessaire pour obtenir cette fin consiste en des actes bons et méritoires accomplis dans la vie présente ; l'homme d'autre part, pour accomplir ces actes, a besoin de secours et d'appuis qui ne se trouvent pas hors de l'état social ; l'état social est donc naturel et voulu de Dieu, autant qu'il est nécessaire à l'homme. — Les biens que l'homme trouve plus facilement en société, perfectionnent le corps ou l'esprit ; ils constituent ce qu'on appelle la félicité imparfaite de cette vie, ou le bien commun extérieur. — Mais, pour perfectionner l'homme et le rendre heureux, il faut que ces biens soient subordonnés à la perfection morale ou bien intérieur, ultérieurement à la fin dernière, laquelle est la félicité de l'autre vie. — Si, conséquemment,

____

(1) *Les Droits de Dieu et les idées modernes*, tome 1ᵉʳ, p. 205.

la fin immédiate à quoi tendent directement les sociétés humaines est le bien commun extérieur, ou félicité imparfaite de cette vie, ce bien commun extérieur doit être ordonné lui-même au bien intérieur ou perfection morale de tous les membres, et ultérieurement à la fin suprême ou dernière. Ainsi l'exige l'Ordre absolu, qui est Dieu.

La mission de l'Etat est donc de procurer à l'homme le bien commun extérieur qui est la fin immédiate des sociétés humaines, et de l'aider par là à atteindre la fin surnaturelle et dernière qui constitue la félicité de l'autre vie. Il doit premièrement, pour cela, garantir et protéger les droits de ses membres; les aider de la sorte à tendre sans obstacles vers leur fin; pourvoir, par des lois sages, à ce qui concerne l'honnêteté des mœurs, le bien-être temporel de la nation; assurer le maintien de la paix et de l'unité dans la société. Mais, avons-nous dit, le bien commun extérieur, la félicité imparfaite de cette vie, demeure subordonné, comme la société elle-même, à la fin dernière, laquelle n'est appelée dernière que parce qu'elle est le terme suprême de toutes les choses et de toutes les personnes humaines. L'Etat donc non-seulement ne doit pas par ses lois et ses institutions mettre aucun obstacle au service de Dieu : mais régulièrement, dans la condition normale des sociétés, il doit protéger l'Eglise et se subordonner à Elle (1).

En résumé, la société humaine n'est qu'un moyen voulu de Dieu, pour rendre à chacun de nous plus facile d'atteindre sa fin dernière : sa grande fonction est de venir en aide à ses membres, principalement en protégeant leurs droits. Cette fonction, elle la remplit par le pouvoir social, existant dans des individus déterminés, et qu'on appelle l'Etat; l'Etat,

---

(1) La question de la subordination de l'Etat chrétien à l'Eglise a été étudiée au Congrès de Lyon, 1881.

comme la Société, est donc un moyen, nullement une fin par rapport aux hommes associés entre eux.

II. — On voit par là que la conception chrétienne de l'Etat est radicalement opposée à l'idée païenne, que tentent de ressusciter les partisans de la statolâtrie moderne. D'après la vieille maxime païenne, l'individu était pour l'Etat ; selon la formule chrétienne, au contraire, c'est l'Etat qui est pour l'individu : la puissance sociale doit se subordonner à la fin suprême de l'homme. Une parole du Christ a opéré cette révolution sociale, la plus profonde de tous. C'était la veille de sa mort, à la dernière Cène. Les Apôtres disputaient entre eux de la primauté. « *Les rois des nations,* leur dit le Sauveur, *dominent sur elles ; et ceux qui exercent ce pouvoir dominatif sur les peuples, on les appelle bienheureux. Pour vous, qu'il n'en soit pas ainsi : mais que celui qui est le plus grand parmi vous, se fasse comme le plus petit de tous ; et que celui qui précède les autres en dignité, se mette à leur service.* » (Luc XXII). Et Il ajoute en saint Mathieu (XX, 28) : « *Le Fils de l'homme, en effet, n'est pas venu pour être servi, mais pour servir ; il est venu donner sa vie en rédemption pour le salut d'un grand nombre.* » Tout est dans ces paroles : NON VENIT MINISTRARI SED MINISTRARE. A la différence des princes païens qui se regardaient comme maîtres de leurs sujets (*dominantur*), le prince chrétien ne sera à la tête d'un peuple (*antecessor*) que pour se mettre au service de tous (*sicut minister*). C'est dans l'Eglise, royaume divin établi par Jésus-Christ, que la puissance devait d'abord se montrer avec ce caractère. Le Pouvoir ecclésiatique, aussi bien que l'Eglise, ne subsiste que pour le bien des fidèles ; pour les faire participer abondamment à la Vérité et à la Grâce qui leur viennent du Christ : en un mot pour les conduire à la vie éternelle. Aussi le Pontife suprême, Vicaire du Christ sur terre, pourra prendre, sans avoir à craindre d'être désavoué, le titre de *Serviteur des serviteurs du Christ.*

En attendant que la transformation s'opérât dans la société civile, l'Apôtre saint Paul, écrivant aux Romains, rétablissait, pour les siècles chrétiens, la vraie notion du Pouvoir, dans cette formule qui traduisait divinement la doctrine du Christ : *Minister Dei in bonum.* Le Pouvoir est un *Ministère pour le bien des sujets :* tout est là. Nous connaissons désormais la nature de la mission de l'Etat.

§ 3. — *Limites des droits et de l'action de 'Etat.*

L'exagération des droits du pouvoir social découle, par une conséquence rigoureuse, de la montrueuse conception de l'Etat-Dieu à laquelle on voudrait nous ramener. Nous trouvons dans la 39° proposition du *Syllabus,* la formule radicale et complète de l'erreur statolâtrique : « *L'Etat, y est-il dit, en tant qu'origine et source de tous les droits, jouit lui-même d'un droit propre qui n'est circonscrit par aucunes limites* (1). » C'est la négation des droits de Dieu, aussi bien que de la famille et de l'individu ; c'est l'Etat, le peuple souverain, se substituant à Dieu, comme source et règle de tous droits, comme étant lui-même le Droit : conception athée et matérialiste, qui n'admet d'autre droit que celui des majorités auxquelle elle livre et sacrifie tout. Rétablissons donc, à la lumière de la raison comme de la Foi, et sous l'autorité du Dieu Créateur, les droits primordiaux, supérieurs et indépendants qui limitent ceux de

---

(1) « *Reipublicæ status, ut pote omnium jurium origo et fons, jure quodam pollet nullis circumscripto limitibus.* » **XXXIX.**

l'Etat, bien plus que l'Etat a mission de protéger et de défendre.

1º La société, nous l'avons dit, est un moyen, nullement une fin par rapport aux hommes associés entre eux ; le pouvoir social, ministre de Dieu pour le bien, n'est ordonné qu'au bien des familles et des individus; il ne peut donc statuer, agir, que pour le bien des sujets, que pour procurer ce bien commun extérieur, fin immédiate de la société, lequel est subordonné lui-même à la fin dernière, suprême de l'homme : voilà la mesure de son action.

2º Le pouvoir social, ou l'Etat, relève essentiellement de Dieu dont il dérive. « *Ce n'est pas la justice humaine que vous rendez*, disait le pieux roi Josaphat aux juges qu'il établit en Juda ; *mais celle de Dieu.* » (2 Paral. xix). La justice de l'Etat a donc une règle absolue, immuable, à laquelle elle doit se conformer ; la justice de Dieu.

3º Les droits de la famille et de l'individu sont antérieurs à l'Etat, et conséquemment indépendants de lui quant à leur existence. La famille, en effet, préexiste à l'Etat ; c'est dans elle que se trouvent les éléments prochains de la Société et non pas dans les individus séparés : l'idée de la famille et sa nécessité sont liées à la nature humaine, plus étroitement que l'idée et la nécessité de l'association politique. — Donc tous ces droits primordiaux, les droits de la famille, les droits du père, de la mère, des enfants, sont une barrière sacrée qui limite ceux de l'Etat. — Donc le mariage en particulier, qui inaugure chaque famille, est en soi, de droit naturel, absolument indépendant de l'Etat, dont toute la compétence est épuisée quand il a réglé les effets civils du contrat ; d'où il faut conclure que le mariage civil nous fait subir une tyrannie deux fois insupportable, puisqu'elle pèse sur nous comme hommes et comme catholiques. — Donc les droits de l'individu, tels que le forme la famille, droits sur ses facultés, droit de propriété, etc., sont, eux aussi, supérieurs à l'Etat. La mission de l'Etat, à l'égard de ces droits qui ne viennent pas de lui, consiste à les protéger tous, au plus à les préciser et appliquer ; il n'a pleine puissance que sur les droits secondaires dont il est la source.

4° En instituant son Eglise *a*) société d'un ordre supérieur, ordonnée immédiatement à la fin suprême et dernière ; *b*) société pleinement indépendante de l'Etat, quant à l'origine de son pouvoir, quant aux sujets et au territoire, quant à la matière et à l'exercice du pouvoir ; *c*) société extérieure et visible, quoique spirituelle : parfaite et complète, ayant le droit d'exercer pleinement et en toute souveraineté le pouvoir doctrinal et législatif, de gouverner les âmes, de constituer sa hiérarchie, de posséder, bâtir des temples, élever des hospices (1), l'Homme-Dieu a opposé une nouvelle barrière, la plus sacrée de toutes, aux droits de l'Etat, en même temps qu'il subordonnait la société civile à son royaume spirituel. Il constituait du même coup l'Eglise, gardienne et interprète des droits primordiaux de la famille et de l'individu, tels que nous venons de les rappeler. Et, si l'Etat tend à devenir omnipotent, s'il ne respecte plus ces droits essentiels de l'homme, il faut l'attribuer au naturalisme politique, qui a isolé et séparé de plus en plus de l'Eglise le pouvoir politique.

M. l'abbé Chesnel, que nous aimons à citer, résume ainsi la mission de l'Etat, telle que nous venons de la rappeler, mission hélas ! trop méconnue de nos jours : « D'être un secours pour l'individu, pour la famille, pour toute la multitude des familles formant un même peuple, voilà l'idée fondamentale et nécessaire de la société, du pouvoir politique ou de l'Etat. L'homme, à raison de son âme spirituelle et immortelle, a pour fin le vrai et le bien infini qui est

---

(I) Cfr. le Rapport sur *l'Eglise et l'Etat*, lu au congrès de Lyon de 1881.

Dieu. Mais, parce que la condition nécessaire pour l'obtenir, consiste en des actes bons et méritoires accomplis dans la vie présente, et que cette vie a besoin de secours et d'appuis qui ne se trouvent pas hors de l'état social, de là vient que celui-ci est naturel autant qu'il est nécessaire à l'homme. Mais ces appuis, ces secours seraient payés d'un trop haut prix, si, au lieu de déblayer la voie, ils élevaient des barrières entre Dieu et nous ; si, au lieu de protéger nos droits les plus sacrés, ils en rendaient l'usage impossible ; si, pour ne citer qu'un exemple, la société tirait prétexte de services, absolument obligatoires, car c'est à cause de cela même qu'elle existe, pour mettre des obstacles au service de Dieu, à l'exercice de la vertu, condition rigoureuse sans laquelle aucun de nous n'obtiendra sa fin dernière. Alors la société ne serait plus un bien, mais un mal ; plus un avantage, mais un préjudice grave ; plus un auxiliaire, mais un ennemi et un tyran dont on devrait résolûment s'affranchir.

« Aujourd'hui retentit partout cette plainte que la société est corrompue dans son essence et sa notion même. De moyen qu'elle doit être pour atteindre à la félicité suprême, on l'a changée en instrument d'oppression et d'impiété. C'est elle qui a rendu le lien conjugal profane, par son mariage civil. C'est elle qui a détruit l'autorité paternelle, en confisquant l'éducation et en liant les mains au père dans la distribution de l'héritage. C'est elle qui a écrasé la propriété par l'énormité des taxes et des impôts. C'est elle qui dissout la vie civile par l'obligation imposée à tous de faire le métier de soldat au meilleur temps de la vie (1). Elle a

---

(1) La nouvelle loi militaire nous a été imposée par une évidente nécessité. Ce n'est donc pas elle que j'ai en vue, mais cette nécessité même et ses causes (Note de M. l'abbé Chesnel).

empoisonné la moralité publique par ce qu'elle a donné de
licence à la presse, par l'athéisme et le matérialisme de
son enseignement officiel. Elle a détruit la paix sociale, au
moyen d'organismes politiques dont tout le jeu se réduit à la
lutte perpétuelle des factions A l'aristocratie de naissance,
elle a substitué l'aristocratie d'argent qui a pris à la première tous ses vices et pas une de ses vertus..... Dans ce
tableau, de peur que l'indignation et le mépris ne me
fissent aller trop loin, je n'ai guère fait que traduire un
théologien romain anonyme, facile à reconnaître comme
l'un des plus graves penseurs qui écrivent aujour.
d'hui (1). »

ARTICLE TROISIÈME

MESURE DE L'ACTION DE L'ÉTAT
DANS LA RÉPRESSION

Un des attributs essentiels du Pouvoir est la répression
du mal, en tant que le mal s'attaque aux fins de la Société
et met obstacle au bien qu'a mission de procurer l'Etat.
Cette répression, toutefois, a sa mesure; ce devoir est réglé
comme les autres : et l'Etat, en dépassant les limites d'une
juste répression, irait au delà de ses droits; comme aussi,

---

(1) *Les Droits de Dieu et les Idées modernes*, t. 1, p. 189.

par trop de tolérance, il manquerait à ce que Dieu lui impose pour le règne de la justice et la défense des intérêts de tous.

Quelles sont donc les limites soit de la répression du mal par l'Etat, soit de la tolérance? Question délicate, mais qu'il est nécessaire de résoudre, pour déterminer la mesure de l'action du pouvoir et compléter l'exposé des principes généraux sur la liberté et l'Etat.

Il importe, avant d'aborder la solution demandée, de bien préciser ce que l'on entend ici par *mal*, et ce que comprend la *répression* du mal par l'Etat.

Par *mal*, il faut entendre non seulement les attentats, délits et crimes qui se traduisent proprement en actes : mais de plus l'*erreur*, en tant qu'elle revêtirait un caractère social ; c'est-à-dire en tant que, par nature, elle troublerait l'ordre public et mettrait obstacle au bien qui est la fin de la Société. Si l'erreur, en effet, est le mal propre de l'intelligence, elle peut aussi, par ce qu'elle montre d'appétible, et par les motifs d'action qu'elle suggère, égarer la volonté et jeter l'homme dans des voies funestes, tant pour lui que pour la Société. Elle s'attaque alors à tout l'homme et met directement obstacle à son bien; c'est la désigner exactement, que de la comprendre sous le nom absolu de mal.

En tant, maintenant, que l'action de l'Etat a pour objet de s'opposer au mal, c'est-à-dire de le prévenir, combattre et détruire, elle s'exerce par deux sortes de mesures : les mesures *préventives* et les mesures *répressives*. Le mot *répression*, dont nous nous servons pour désigner cette action de l'Etat, est pris dans sa plus large acception, comprenant les mesures préventives, aussi bien que la répression proprement dite.

Ces notions données, nous poserons deux principes qui dominent toute la matière et à l'aide desquels il sera facile, ce nous semble, en traitant une aussi délicate question, de ne s'écarter en rien de la saine doctrine et de demeurer toujours dans les limites de la vérité.

Premier principe : La répression du mal fait partie de la mission du pouvoir social ou de l'Etat, en tant que cette répression est exigée, soit par le bien commun extérieur qui est la fin immédiate de la Société, soit aussi par le bien surnaturel et divin, ou félicité éternelle, qui constitue la fin dernière de la Société comme de l'individu.

Second principe : Cette répression comporte les limites d'un pouvoir humain, qui a des hommes pour sujets et qui s'exerce sur des hommes.

La vérité de ces deux principes, déjà clairs par eux-mêmes, résulte des doctrines précédemment établies sur la mission de l'Etat et les rapports de l'Eglise et de l'Etat. Appliquons-les à la solution demandée, en ce qui regarde successivement les limites de la répression du mal — et celles de la tolérance.

§ 1ᵉʳ. — *Limites de la répression du mal.*

Quelles sont les limites de la répression, en d'autres termes : quand la répression du mal cesse-t-elle d'être obligatoire pour l'Etat?

Nous répondons : toutes les fois que la répression du mal n'est pas exigée par la fin, soit immédiate, soit médiate et dernière de la société; — ou qu'elle est devenue, pour une cause ou pour l'autre, moralement impossible au pouvoir; — ou encore que, loin de procurer le bien qui est la fin de la Société, elle pourrait tourner à son détriment:

dans tous ces cas, l'Etat peut et même doit régulièrement renoncer à réprimer le mal. Donc :

1° L'Etat, même chrétien, s'abstiendra de réprimer la transgression, quoique notoire et grave, de la loi de Dieu : quand cette transgression ne renferme pas une violation des droits du prochain ; qu'elle ne revêt pas le caractère d'attentat direct aux mœurs publiques ou à la religion ; ou qu'elle n'équivaut point à la négation de la foi.

Ainsi, chez les peuples les plus religieux, la loi ne sévit pas *contra puellas inhoneste prœgnantes :* tandis que l'adultère est punie de peines sévères, quelquefois de mort, comme sous la loi de Moïse.

Le Pouvoir, et avec justice, atteindra plus rigoureusement, en certains cas, les offenses contre le prochain, encore qu'elles soient moins graves théologiquement que les offenses contre Dieu ; la raison en est que l'attentat contre les droits des citoyens trouble plus directement l'ordre public. Le blasphème *par ex.* est un péché grave contre la religion : Clément IV, néanmoins, écrivit, en 1268, au roi saint Louis, pour l'exhorter à adoucir les peines trop sévères qu'il avait portées contre les blasphémateurs.

2° Si la répression du mal ne pouvait s'exercer sans danger grave de nuire aux bons, loin qu'elle soit obligatoire, le pouvoir devrait alors s'en abstenir. « *Maître*, disent dans la parabole du bon grain et de l'ivraie les serviteurs au père de famille, *voulez-vous que nous allions et que nous cueillions l'ivraie? — Non*, répond le Maître, *de peur qu'en cueillant l'ivraie vous n'arrachiez avec l'ivraie le froment* (Matth., XIII, 28). » L'ivraie, d'après les Pères et les Docteurs, désigne ici les pécheurs et, en particulier, les hérétiques : ceux qui, dans la parabole, sont appelés par Notre-Seigneur *filii nequam*. Le Sauveur ne dit point de ne jamais les retrancher, mais de les tolérer lorsque, en voulant les retrancher, on courrait risque d'arracher en même temps le froment. « Christum hic non prohibere absolute, enseigne Corneille de la Pierre, ne hæc zizania evellantur, sed ne quis evellere conetur omnia omnino, neque tunc cum a tritico dignosci nequeunt, sive cum periculum est ne cum iis simul evellatur et triticum : quod locum non habet, cum quis manifestus est hæcreticus, et maxime si dogmatizet et alios sua hæresi inficiat... »

3° Dans une société où l'unité religieuse est malheureusement brisée, le pouvoir doit se borner, en fait d'erreurs et de faux cultes, à une répression limitée et partielle. Les esprits, en effet, habitués à une longue indifférence, ne comprennent plus et ne supportent que très difficilement ce qu'ils appellent l'intolérance de doctrines : et quand ces dispositions sont celles d'une partie considérable ou de la partie dirigeante et influente de la nation, une répression plus sévère apporterait des troubles profonds dans la Société et pourrait être l'occasion de renversement du Pouvoir.

Toutefois, dans ces sortes de sociétés, le Pouvoir ne peut s'ériger, pour autant, en *protecteur* de tous les cultes, y compris le véritable. Son devoir n'est que plus rigoureux d'accorder une pleine et entière liberté à l'Eglise ; de maintenir inviolable la liberté complète de professer la vraie religion ; de châtier et réprimer énergiquement tous ceux qui entreprendraient contre l'Eglise, pour restreindre ses droits.

On nous saura gré de citer, sur ce point, le célèbre théologien romain, Muzzarelli, qui écrivait vers la fin du siècle dernier et mourut en 1813 à Paris, où il avait accompagné Pie VII. Voici, en particulier, ce que nous trouvons dans les premières pages de son opuscule sur *la Tolérance*, où il distingue et sépare les différentes espèces de tolérance. « S. Thomas (2ᵃ 2ᵃᵉ, Q. X, art. 11) et plusieurs autres théologiens très graves ont reconnu, qu'en certains cas il est permis et quelquefois nécessaire de tolérer les personnes et les rits des infidèles et des hérétiques, pour ne pas empêcher de plus grands biens, ou ne pas causer de plus grands maux. On doit cependant alors avoir grand soin de ne permettre que ce qu'on croit utile et nécessaire, de ne pas confondre la tolérance des infidèles avec celle des hérétiques, la tolérance des personnes avec celle de la divulgation de leurs erreurs, la permission d'un culte particulier avec celle d'un culte public, la nécessité de permettre une de ces choses avec la nécessité de les permettre toutes, une tolérance limitée et prudente de quelque religion fausse avec une tolérance illimitée et universelle de toutes les sectes ; enfin la simple permission quelquefois licite, avec la faveur positive et scandaleuse toujours illicite. Si l'on ne distinguait et ne séparait pas ces différentes espèces de tolérance, pour les appliquer aux circonstances et aux besoins, on étendrait trop loin et on interprèterait mal les sentiments de ces grands théologiens sur cet article. »

4º Il y a lieu aussi à la tolérance dans des pays où, pour citer les paroles du même Muzzarelli, « par un pacte que la nécessité a fait conclure en temps de guerre, les catholiques vivent en communauté avec les hérétiques. » Ce que l'on dit d'un pacte que la nécessité a fait conclure en temps de guerre, s'applique également à toute transaction, contrat, constitution imposée par les circonstances et par lesquels, se trouveraient garanties à un peuple les libertés dites *modernes*. Nous rappelons ce que nous en avons dit ailleurs (1), en traitant de l'Eglise et de l'Etat. « C'est seulement par la conviction de la raison et par la persuasion de la volonté, écrit l'éminent cardinal Manning, dont nous citions les paroles, que l'unité de foi *une fois brisée, surtout depuis des siècles*, peut se rétablir. Il ne faut pas oublier que nos anciens théologiens, tels que Bellarmin et Suarez,

---

(1) Rapport sur l'Eglise et l'Etat lu au congrès de Lyon, 1881. *Rev. cath. Inst. et Droit*, 17ᵉ vol., p. 320.

quand ils traitaient ce sujet, avaient sous les yeux une génération d'hommes qui tous avaient été dans l'unité de la foi.... Si Bellarmin et Suarez vivaient de nos jours, ils auraient traité une question qui diffère de celle-là dans toutes ses conditions morales. Ce que nous exposons aujourd'hui est fondé sur les principes qu'ils enseignaient appliqués à notre temps. »

Ce serait donc faussement que les adversaires nous accuseraient de vouloir appliquer à nos sociétés modernes, où l'nnité de foi est malheureusement brisée et qui ne sont plus constituées catholiquement, les principes qui régissaient la chrétienté d'autrefois, pour le plus grand bonheur des peuples. Les principes sont toujours vrais ; c'est la thèse, qui ne saurait varier : les conditions, dans lesquelles se trouve une société, peuvent empêcher l'application des principes, du moins dans toute leur teneur ; c'est l'hypothèse, qui ne se présente pas toujours la même. Qu'on veuille bien ne point perdre de vue cette observation, en particulier pour ce qui va suivre.

§ 2. — *Limites de la Tolérance.*

Quelles sont les limites de la tolérance, en d'autres termes, quand la tolérance deviendrait-elle excessive et condamnable, nuisible au pouvoir comme à la société elle-même ?

Nous répondons : toutes les fois que cette tolérance irait au-delà de ce qui est légitimement exigé, — soit par le besoin de maintenir le bon ordre public, la paix et la tranquillité d'une nation ; — soit par les conditions spéciales où se trouve un peuple ; — soit par toute transaction, pacte intervenu, constitution etc. qui n'ont rien toutefois d'*essentiellement opposé* aux fins immédiates de la société. Ainsi :

1º La tolérance est excessive et coupable, si le Pouvoir cédant à l'intimidation, par faiblesse, ou faux égards, s'abstenait de réprimer les attentats contre les droits des citoyens. « *Ce n'est pas sans raison*, dit l'Apôtre (Rom. XIII, 4) *qu'il porte le glaive* », mais bien pour la sécurité des bons et la terreur des méchants.

2º La tolérance qui s'étendrait à tout ce qui ne se traduit pas dans les faits, absolvant tous les crimes de la pensée et ne réprimant aucun excès de la presse, serait manifestement et, *en tout état de société*, aussi condamnable que funeste — Grégoire XVI (Encycl. *Mirari*) et Pie IX (Encycl. *Quanta Cura*) ont appelé *deliramentum* et *libertatem perditionis*, une telle licence laissée à la presse. — Il est clair d'ailleurs, par la seule raison, que les malfaiteurs de l'ordre intellectuel sont les plus coupables et les pires de tous. C'est dans ses pensées que l'homme puise le mobile de ses actions. Si la loi morale ne subsiste plus et que la base en soit ruinée dans les esprits, comment exiger qu'elle soit respectée dans les faits.

Le pouvoir ne saurait donc, *en aucun état de choses*, être autorisé à laisser se produire publiquement la négation de Dieu, du libre arbitre, d'une autre vie, et autres vérités qui sont l'unique fondement et la sanction nécessaire de toute morale, comme la base de la Société elle-même. Pour un peuple, ce serait le suicide.

3º La tolérance est encore excessive : 1. si, dans une nation où règne l'unité de Foi, ce bienfait le plus grand de tous pour un peuple, le pouvoir laissait s'introduire de faux cultes ou n'empêchait pas les doctrines hétérodoxes de se produire au grand jour ; 2. si, au lieu de la simple *tolérance* qui suffirait pour le maintien de la paix et de la tranquillité de l'Etat, il enlevait à la religion catholique ses droits de religion d'Etat et mettait les faux cultes sur le pied d'égalité avec elle ; 3. si, l'hérésie commençant à se montrer, le pouvoir adoptait, à l'égard des fauteurs de l'erreur, une prétendue modération, une fausse et lâche condescendance, qui favorisât la propagation de doctrines perverses et permît à l'erreur de s'implanter dans une nation.

Ce serait là, en effet, une conduite manifestement contraire à la mission de l'Etat chrétien. « La puissance royale, enseigne le grand pape saint Léon, cité dans l'Encyclique *Quanta Cura*, ne doit pas oublier qu'elle n'a pas été établie seulement de Dieu pour le gouvernement du monde, mais principalement pour la défense de l'Eglise (1). » — Les propositions condamnées, LXXVII, LXXVIII du *Syllabus*, n'étaient que la préconisation d'un tel système, qui se trouve par là réprouvé : « A notre époque, est-il dit dans la première, il n'est plus utile que la religion catholique soit considérée comme l'unique religion de l'Etat, à l'exclusion de tous les autres cultes. — Aussi, est-ce avec raison, lit-on dans la seconde, que, dans quelques pays catholiques, la loi a pourvu à ce que les étrangers qui viennent s'y établir jouissent de l'exercice public de leurs cultes particuliers (2). »

Mais c'est la tradition de tous les siècles chrétiens qu'on peut invoquer contre une pareille tolérance. On la trouvera longuement exposée dans l'opuscule déjà cité du chanoine Muzarelli. Comme il s'agit d'un des points de doctrine qu

---

(1) « Regiam potestatem non ad solum mundi regimen, sed maxime ad Ecclesiæ præsidium esse collocatam. » S. Leo Epist. 156 al. 125.

(2) LXXVII. *Ætate hac nostra, non amplius expedit religionem catholicam haberi tanquam unicam status religionem, ceteris quibuscumque cultibus exclusis.* Alloc. *Nemo vestrum* 26 julii 1855. — LXXVIII. *Hinc laudabiliter, in quibusdam catholici nominis regionibus. lege cautum est, ut hominibus illuc immigrantibus liceat publicum proprii cujusque cultus exercitium habere.* Alloc. *Acerbissimum* 27 septembris 1852.

demande le plus à être défendu de nos jours, nous allons la résumer et analyser ici.

Déjà, dans l'ancien Testament, la loi de Moïse punissait de mort les idolâtres, les faux prophètes, les blasphémateurs, etc. Dieu avait même défendu aux Juifs de contracter alliance avec les Gentils, et il en donne pour raison le danger de la séduction. (Ex. xxxiv, 12.) Bossuet, dans sa *Politique de l'Ecriture sainte*, montre comment les plus saints rois de Juda employèrent leur autorité pour détruire dans leur Etat les fausses religions. (L. vii, art. 3, prop. 9.)

Si cet esprit de justice et de sévérité n'est point celui de la loi de grâce, et que le Sauveur ait repris les Apôtres de ce qu'à l'exemple d'Elie ils voulaient appeler le feu du ciel sur les ingrats Samaritains, il ne s'en suit pas que cette douceur doive toujours être observée dans l'Eglise au même degré, en toutes circonstances, et à l'égard de tous. N'est-ce pas Jésus-Christ même qui chassa du temple, avec un fouet, les profanateurs scandaleux (Luc, xix, 40); qui, par une parole toute-puissante, fit tomber à ses pieds les soldats impies de la synagogue? (Joan., xviii, 6).

Les Apôtres devaient assurément savoir quel était l'esprit de Jésus-Christ. — Or, saint Pierre punit de mort le sacrilège d'Ananie et de Saphire (Act. v, 4). S. Paul aveugla l'imposteur Elymas (Act. xiii, 11). — A l'époque des Apôtres, quand les princes étaient païens et les Etats païens, il ne pouvait y avoir de lois municipales et civiles en faveur du Christianisme et de l'Evangile : et cet état de choses dura jusqu'à Constantin. On voit cependant paraître, dès l'origine de la société chrétienne, cette intolérance absolue, contre les hérétiques, qui était déjà manifestement, en principe, la répression extérieure de l'hérésie par les fidèles, autant que le permettaient les circonstances. Saint Jean, l'apôtre de la charité, ne veut pas qu'on reçoive dans sa maison, ni même qu'on salue celui qui apporte une nouvelle doctrine (2 Joan., 10) : et saint Irénée rapporte du Disciple bien-aimé, d'après ceux qui l'avaient appris de Polycarpe, « que Jean, disciple du Seigneur, étant allé pour se laver, à Ephèse, et y ayant vu (l'hérétique) Cérinthe, se précipita hors du bain sans se laver, en disant qu'il craignait que le bain ne s'écroulât, parce que Cérinthe, ennemi de la vérité, s'y trouvait. — Saint Paul était aussi intolérant, jusqu'au point de défendre, comme saint Jean, toute communication civile avec les hérétiques (Tit. III, 10). — Tous les Pères des premiers siècles ont le même enseignement, suivent la même pratique. Animés de cet esprit, auraient-ils approuvé que, dans une société catholique, au sein d'une nation toute chrétienne, on donnât droit de cité à ceux qui se déclareraient hérétiques, les admettant aux mêmes charges et leur faisant partager les mêmes priviléges civils avec les fidèles. La séquestration morale des hérétiques, telle qu'on la leur voit pratiquer ; l'intolérance de leurs personnes ; l'excommunication civile dont ils étaient l'objet; tout cela n'était-ce pas en principe, autant que le permettait l'Etat encore païen, la répression extérieure de l'hérésie. Et pourtant, c'est cette intolérance que ne peut supporter la société moderne, même dans une nation qui a conservé l'unité de foi ?

Dès que l'Etat fut chrétien, on vit les princes user de répression à l'égard de l'erreur, comme aussi les plus saints évêques les y exhorter ou les louer de l'avoir fait. — Constantin priva les hérétiques et les schismatiques de tous privilèges, défendit leurs assemblées et fit remettre leurs oratoires aux catholiques (Euseb., Vit. Const., l. III, c. 65). Théodore et Justinien défendirent qu'un hérétique pût être témoin, jouir d'une charge et d'un emploi public. On voit aussi, par les conciles de Tolède (Conc. Tol., 6 et 8), que les rois d'Espagne, avant de monter sur le trône, juraient de ne souffrir dans leurs Etats personne qui ne fût catholique. C'était donc déjà, et dès l'origine de l'empire chrétien, la répression de l'erreur par l'Etat, telle que nous la trouvons en vigueur au moyen âge.

Les plus saints d'entre les Pontifes et les Docteurs ont toujours approuvé cette conduite. « Puis donc que vous devez, empereur très chrétien, dit saint Ambroise à Valentinien, être fidèle à Dieu, soutenir et respecter la Foi, je m'étonne qu'on ait conçu l'espérance que vous puissiez ordonner le rétablissement des autels païens et fournir aux dépenses des sacrifices (1). » — Saint Léon (Ep. 15) écrivait à l'évêque Turribius, au sujet des Priscillianistes : « C'est avec raison que nos pères, lorsque cette malheureuse hérésie parut, s'empressèrent partout de la faire chasser de l'Eglise, et que les princes de la terre eurent tant d'horreur de cette folie sacrilège, qu'ils firent sentir le glaive des lois publiques à son auteur et à plusieurs de ses disciples..... Cette sévérité fut utile *à la douceur ecclésiastique qui, bien qu'elle s'en tienne au jugement sacerdotal et fuie toute vengeance sanguinaire, est cependant aidée par les lois sévères des princes chrétiens; car la crainte du supplice corporel engage quelquefois à recourir au remède spirituel.* » Toute la doctrine de l'Eglise sur la répression de l'hérésie est là. Confirmons la doctrine de saint Léon par celle d'un autre grand pape, saint Grégoire. Voici ce qu'il écrivait aux puissances séculières, pour les engager à réprimer les hérétiques. — « Il faut, mande-t-il à Gennadius, patrice et exarque d'Afrique, que Votre Excellence s'oppose de toutes ses forces aux ennemis de l'Eglise... Car on sait que, *quand les hérétiques trouvent la facilité de nuire, ils s'élèvent avec fierté contre la foi catholique, pour répandre, s'ils le peuvent, le poison de l'hérésie sur tous les membres du corps chrétien...* Mais que Votre Eminence ré-

---

(1) Il s'agissait du rétablissement de l'autel de la Victoire, que le préfet Symmaque avait demandé qu'on relevât.

prime leurs efforts et les oblige à plier leur tête altière sous le joug de la justice. » (L. i, Ep. 74.) « Ce ne serait pas une faute légère, écrit le même Pontife à Pantaléon, évêque d'Afrique, si ceux qui sont condamnés par l'intégrité de notre foi et par les lois civiles, trouvaient sous votre gouvernement la liberté de s'étendre. » (L. iv, Ep. 34.)

Mais il faut citer particulièrement S. Grégoire de Nazianze et S. Augustin, qui avaient d'abord pensé diversement sur cette question de la répression des hérétiques, et que l'expérience ramena bien vite au sentiment commun. — S. Grégoire de Nazianze, exhortant Olympe à réprimer et punir les Apollinaristes, a ces remarquables paroles : « On apprend encore, même quand on est vieux, et je ne vois pas que ma vieillesse me rende assez prudent. Quoique je connusse à fond l'impiété des disciples d'Apollinaire, je pensai que par la douceur je pourrais les rendre doux eux-mêmes ; mais l'expérience m'a appris que par mon imprudence je les ai rendus pires ; et par ma bonté déplacée j'ai fait tort à l'Eglise, parce que *les méchants ne viennent pas doux par la douceur et ne se laissent pas vaincre par la bonté.* » — Voici ce qu'écrit à son tour S. Augustin, au livre II de ses rétractations, c. 5 : « J'ai dit que je n'aimais pas que les schismatiques fussent forcés à demeurer où à rentrer dans l'Eglise par la violence de la puissance séculière. Vraiment alors je ne l'aimais pas, parce que *je n'avais pas expérimenté les maux qui résultaient de leur impunité, ni combien la correction pouvait contribuer à les ramener.* » Dans deux lettres, l'une à Vincent (Ep. 93), l'autre à Boniface (Ep. 185), il explique son sentiment et résout même les objections qu'on pourrait lui faire. A ceux en particulier qui disent que les Apôtres n'invoquaient pas contre l'impiété le secours des rois de la terre, il répond qu'alors les circonstances étaient différentes, et que chaque chose doit être faite en son temps. « Il est mieux, sans doute, ajoute-t-il, que les hommes soient amenés au culte de Dien par la douceur et l'instruction, que d'y être forcés par la crainte et par les peines ; mais quoique les premiers moyens soient meilleurs, il ne faut pas pour cela négliger les seconds ; car, *nous en avons l'expérience, il a été utile à plusieurs d'être d'abord forcés par la crainte ou par la douleur, pour être ensuite instruits.* »

Mais, si l'on veut savoir combien la répression sévère de l'hérésie, dans un pays où règne l'Unité de Foi, est dans l'esprit de l'Eglise : et combien, au contraire, a toujours été jugée funeste et condamnable, dans ces conditions, la liberté dite de conscience, il suffit de se rappeler ce que pensait et déclarait sur ce point S. François de Sales, ce modèle de douceur, qui, mieux que tout autre, a pratiqué la tolérance de charité envers les personnes des hérétiques. Le bruit s'étant répandu (Vie, l. III, c. 14) que le duc de Savoie permettrait dans ses Etats la liberté de conscience, à l'exemple du roi de France et comme le lui demandaient les Suisses, cette nouvelle affligea le Saint, au point de lui faire verser des larmes. « Tous les désastres de la France, disait-il, n'ont pas d'autre source que cette liberté pire que tout esclavage : et *il est évident que toutes les raisons d'Eta qui ont engagé les rois à la tolérer étaient trompeuses et préjudiciables.* »

L'Eglise n'a donc jamais varié sur ce point, et sa doctrine a la confirmation de l'expérience aussi bien qu'elle s'appuie sur les vrais principes de la raison. Il s'agit, répétons-le, d'une nation catholique, où règne l'Unité de Foi, où l'ordre social tout entier repose sur la vraie Religion : et non d'une société donnant, comme les nôtres, le triste spectacle de la division des croyances.

Or l'Unité de Foi, l'unité d'esprit et de croyances, au sein d'un peuple, ne sont-elles pas le plus grand des biens, la meilleure condition de la paix et de la prospérité d'une nation ? Le pouvoir est le ministre de Dieu, pour le bon ordre, le bien commun extérieur, l'avantage en un mot de

sà société. « Mais n'est-ce par un bien pour la société, dit
ici Muzzarelli, de croire le vrai et de détester le faux ?
N'est-ce pas un lien de société, d'être tous unis d'esprit par
une seule croyance ? N'est-ce pas un bon ordre de société
de tendre tous à la même fin ? N'est-ce pas un avantage
pour la société de conserver sans tache la vraie religion ? »
Ce que fait de nos jours la secte dominante, ajouterons-
nous après Muzzarelli, pour s'emparer de l'éducation,
frapper à son image les nouvelles générations, substituer
à l'unité de foi dans la nation l'unité de doctrines et d'as-
pirations révolutionnaires : les efforts déployés par elle
pour arriver à ses fins, l'oppression légale, la persé-
cution, qu'elle ne cherche plus même à couvrir du faux
masque du libéralisme, tout cela n'indique-t-il pas assez que,
pour tous, l'unité d'esprit est essentielle à un peuple, et que
le pouvoir ne saurait trop faire pour la conserver ou la
rétablir.

Nous parlons d'hérétiques, il ne faut pas l'oublier, ayant
fait partie d'abord de l'Unité de Foi ; qui ont été élevés dans
le sein de l'Eglise ; qui ont reçu , avec le don de la Foi, la
grâce et les moyens d'y persévérer ; dont la séparation par
conséquent a été formelle et volontaire ; qui de plus ne
veulent pas se laisser éclairer sur leurs erreurs : véritables
apostats en un mot, couverts de toute la flétrissure qu'in-
flige ce terme. L'hérésie, objet de la répression du pouvoir,
est donc bien chez eux un crime, crime extérieur et public;
un attentat contre la base sociale de la nation, contre Dieu
et l'Eglise.

Ajoutons que l'hérétique, dans ces conditions, ne consen-
tira pas à vivre en paix à côté de la Vérité : qu'il se trouve,
par le fait de son apostasie, ennemi juré de l'Eglise, et qu'il
cherchera, par tous les moyens, à étouffer dans les autres
cette foi qu'il a détruite en lui. Quand ces sortes d'hérétiques, ainsi que l'enseigne S. Grégoire le Grand, trouvent
la facilité de nuire, ils s'élèvent avec fierté contre la foi

catholique, pour répandre, s'ils le peuvent, le poison de l'hérésie sur tous les membres du corps chrétien ; les plus grands maux par conséquent résulteront de leur impunité. D'autre part les méchants ne deviennent pas doux par la douceur, et ne se laissent pas vaincre par la bonté : la correction, au contraire, peut contribuer à les ramener ; et il est utile à plusieurs d'être d'abord forcés par la crainte ou par la douleur, pour être ensuite instruits.

La répression juste, quoique sévère, de la part du Pouvoir, est le salut d'une société : loin d'être charité, la tolérance excessive tourne au mal et à l'oppression des bons, en même temps qu'elle enhardit et confirme les méchants dans leur résistance à la Vérité et au Bien.

ARTICLE QUATRIÈME

DES LOIS INJUSTES

La grande prérogative du Pouvoir, celle qui le constitue et sert à le désigner, est la faculté de faire des lois. C'est par la Loi que la multitude est dirigée au bien commun extérieur, qui est la fin de la Société ; par elle, que se trouve réalisée l'unité sociale dans une nation ; sans la Loi, la Société ne serait pas.

Mais la Loi, pour répondre aux fins de la Société, et, par conséquent, pour exister, a besoin d'être juste ; et la liberté, que le Pouvoir a mission de protéger et de garantir, ne reçoit pas d'atteintes plus profondes que celles qui lui seraient portées par des lois injustes. Il nous reste donc, pour achever l'exposé des principes généraux sur la LIBERTÉ ET L'ÉTAT, à traiter des lois injustes.

Qu'entend-on par Loi injuste et de combien de manières une Loi peut-elle être injuste ? — Une Loi injuste oblige-t-elle ? — Quelle est la conduite à tenir à l'égard des lois injustes ? Telles sont les trois questions qui se présentent à résoudre sur cette importante matière ; elles feront l'objet d'autant de paragraphes.

§ Ier. — *Qu'entend-on par Loi injuste, et de combien de manières une Loi peut-elle être injuste ?*

La loi *injuste,* selon la force du terme, est celle qui n'est pas conforme au *juste,* à l'*honnête ;* qui ne constitue pas le droit, *œquum, jus.*

Une Loi peut être injuste de deux chefs, et parce que ce qu'elle commande ne serait pas juste, et parce qu'elle ne serait point portée justement, la matière en fut-elle juste. Il est de la raison de la Loi, en effet, qu'elle commande des choses justes, et qu'elle soit portée justement. « *De ratione et essentiâ legis est,* dit Suarez, *ut præcipiat justa... ut juste feratur ; et aliter lata, non erit vera lex.* » (*De Legibus,* lib. I, c. 9.)

Mais quand la Loi, premièrement, commandera-t-elle des choses *justes :* en d'autres termes, quand y aura-t-il

Loi? — Il y aura Loi, dit un ancien Père et Docteur, saint Isidore de Séville, toutes les fois que ce que prescrit le législateur sera fondé sur la raison, c'est-à-dire conforme à la Religion, à la saine discipline et utile pour le bien: « *Lex erit, omne quod ratione constiterit, — duntaxat quod religïoni congruat, quod disciplinæ conveniat, quod saluti proficiat.* (*Isid.*, lib. v, *Etym*, c. 2). Par cette conformité à la Religion, il faut entendre, dit saint Thomas, que la Loi humaine ne prescrira pas des choses défendues par la loi divine, ou qu'elle ne prohibera pas ce que commande cette même loi. Pour être conforme à la saine *discipline,* continue l'Ange de l'Ecole, elle devra ne contredire en rien la Loi naturelle dont le législateur n'est que le *disciple.* La Loi, enfin, sera pour le salut ou l'utilité des sujets, quand elle sera de nature à procurer le bien qui est la fin de la Société.

Toutes ces conditions peuvent se ramener à une seule, à savoir : que la loi humaine soit conforme à la *Loi éternelle*, à l'ordre absolu et immuable qui règle en Dieu les actions des créatures et selon lequel toute créature est dirigée à sa fin. « Le législateur humain, dit saint Augustin, s'il est bon et sage, consulte la Loi éternelle, afin de discerner, conformément à ses règles immuables, ce qui doit, selon les circonstances, être défendu ou commandé. — « *Conditor legum temporalium, si vir bonus est et sapiens, legem consulit æternam, ut secundum ejus incommutabiles regulas, quid sit pro tempore vitandum jubendumque discernat.* » (*De Vera Relig.*, c. 31). C'est quand la Loi humaine est conforme à la Loi éternelle, que l'on peut dire, avec saint Isidore, qu'elle est fondée sur la raison, *quod ratione constiterit*, et qu'elle se trouve, comme l'explique Suarez, entièrement bonne, *undequaque bona*.

Quand la loi, secondement, sera-t-elle portée *justement* par le Pouvoir? Quand le Pouvoir sera véritable et légitime, c'est-à-dire établi de Dieu ; et que, de plus, il n'excèdera pas ses droits. « *Tout pouvoir est de Dieu*, dit l'Apôtre (Rom. XIII, 1) ; *ceux qui existent ont été ordonnés et établis par Dieu* ». Un homme, en effet, ne saurait avoir le droit de commander à d'autres hommes, s'il ne tient son autorité de Dieu, « *ex quo omnis paternitas in cœlis et in terrâ* » (Ephes., III, 15) ; et l'autorité qu'il tient de Dieu étant limitée, soit par une autorité supérieure, soit par la sphère déterminée où s'exerce son pouvoir, le législateur humain, sous peine de ne plus voir son acte se rattacher à Dieu, origine de tout pouvoir, ne doit pas excéder les limites de son autorité.

Pour tout renfermer en une formule : la Loi humaine n'existe, qu'autant qu'elle est une dérivation et une participation de la loi éternelle. « *C'est par moi*, dit le Seigneur (Prov. VIII), *que les Rois règnent, par moi que les législateurs prescrivent des choses justes.* »

Il nous sera facile maintenant de déterminer, par opposition, en combien de manières une Loi peut être injuste.

Une Loi peut être injuste de deux manières : par défaut ou excès d'autorité de la part du Législateur ; — par manque de conformité à la Loi éternelle ou au *juste*.

Nous avons peu de choses à dire sur la première manière dont une Loi peut être injuste. Il y aura — 1° défaut d'autorité dans le Législateur : *a*) si celui qui porte la Loi s'est emparé violemment du Pouvoir ; *b*) s'il n'est le Pouvoir, ni en droit, le possédant par suite d'un titre légitime, ni en fait, en vertu d'une possession qui vaut titre ; *c*) s'il ne tient pas même la place du Pouvoir, exerçant provisoirement et pour l'ordre, cette grande fonction qui ne saurait vaquer dans une société. Il y aura — 2° excès de pouvoir de la part du Législateur, si, en portant telle Loi, il sort de la sphère qui lui est assignée ; et si, tout en demeurant dans sa sphère, il dépasse son droit, et va au delà de ce qu'exige sa mission.

Ainsi serait nulle et injuste, la Loi d'un prince temporel

qui attenterait de régler, sur un point particulier, ce qui se rapporte au Culte, le fît-il en conformité avec la Loi de Dieu ; serait nul encore et injuste l'acte du Pouvoir humain qui prétendrait règlementer, même en matière civile, ce qui n'est pas de sa compétence et ne relève par exemple que du Pouvoir domestique.

La Loi est injuste, par manque de conformité à la Loi éternelle, si elle contredit la Religion, la Loi naturelle ; ou que, loin d'être pour le bien de l'homme, elle soit la violation des droits de l'individu ou de la famille.

1° Seraient injustes, du premier chef : *a*) les Lois qui prescriraient une chose condamnée par la Loi naturelle, ou essentiellement opposée à la Religion ; ainsi la Loi qui mettrait le père de famille dans la nécessité d'exposer prochainement la foi de son enfant : l'acte commandé serait intrinsèquement mauvais. *b*) Les Lois qui contrediraient la Loi positive divine ou les Lois de l'Eglise, soit en rendant impossible, pour le chrétien, ce que ces Lois prescrivent, soit en prétendant lui imposer ce qu'elles prohibent. *c*) Les Lois qui seraient la violation des droits de l'Eglise ou qui attenteraient à ses libertés ; par exemple le service militaire imposé aux clercs ; l'interdiction pour les Evêques d'avoir des séminaires, etc.

2° Seraient injustes, du second chef : *a*) les lois qui impliqueraient la négation ou qui seraient la destruction des droits de l'individu ou de la famille ; celles, par exemple, par lesquelles l'Etat se substituerait, plus ou moins, au père de famille, pour l'éducation de l'enfant. *b*) Les lois qui seraient trop onéreuses aux sujets ; comme serait le service militaire imposé à tous les citoyens, au delà de ce qu'exigent la sécurité, la paix et la vraie grandeur d'une nation. *c*) Les lois qui répartiraient inégalement les charges entre les citoyens, ou qui excluraient certaines classes de la jouissance des droits ou privilèges communs ; elles seraient directement opposées à la justice distributive. Ainsi, la loi qui n'établirait les droits dits de *main-morte* que sur les biens du clergé, et non sur ceux des communes : celle qui refuserait aux associations religieuses les droits garantis et les libertés reconnues à toute association qui veut s'établir pour une fin légitime.

Telles sont les principales manières dont une loi peut être injuste.

§ 2. — *Une loi injuste oblige-t-elle ?*

Poser la question, c'est déjà l'avoir résolue. Il est certain, en effet, qu'une loi, si elle est injuste, ne saurait avoir de force obligatoire et constituer le droit, *jus*.

« Quod jure fit, dit saint Augustin (Civit. lib. xix, c. 21.), justè fit. Quod autem fit injustè, nec jure fieri potest. *Non autem jura putanda sunt vel dicenda, iniqua hominum constituta* , cùm illud etiam ipsi jus esse dicant quod de justitiæ fonte manaverit ».

Mais il est aujourd'hui toute une classe de *légistes* pour lesquels le *juste* n'est constitué que par la loi humaine ou civile. D'après eux, loin que la loi doive être conforme à l'honnête ou au juste, c'est elle, et elle seule, qui constitue le *juste; stat pro ratione voluntas :* monstrueuse doctrine qu'ont dû, en ces temps, condamner et proscrire solennellement les Pontifes romains. Le *Syllabus* contient, en effet, ces propositions condamnées par Pie IX : « L'Etat, comme étant l'origine et la source de tous les droits, jouit d'un droit qui n'est circonscrit par aucune limite. — Les lois de la morale n'ont pas besoin de la sanction divine, et il n'est pas du tout nécessaire que les lois humaines se conforment au droit naturel ou reçoivent de Dieu le pouvoir d'obliger.

— Le droit consiste dans le fait matériel ; tous les devoirs des hommes sont un mot vide de sens, et tous les faits humains ont force de droit. — L'autorité n'est autre chose que la somme du nombre et des forces matérielles (1). » Une telle doctrine n'a pas besoin d'être réfutée.

Pour tout homme qui conserve la conscience de la dignité humaine, et qui met au-dessus de l'Etat-Dieu, la loi éternelle, l'ordre absolu et immuable, il y a des lois injustes. Or *toute loi humaine, dont l'injustice est suffisamment constatée, est nulle et ne saurait par elle-même obliger.*

1° Qu'une loi injuste soit nulle, et dépourvue par elle-même de toute force obligatoire, il est impossible de le nier, si l'on admet *a*) Dieu, dont le Pouvoir est le ministre, mais *pour le bien* seulement : *Minister Dei in bonum ; b*) une loi éternelle, règle essentielle et immuable du juste, condamnant tout ce qui ne rentre pas dans l'ordre absolu ; *c*) une loi divine, supérieure à la loi humaine, et que celle-ci par conséquent ne peut contredire ; *d*) une société spirituelle indépendante et supérieure à l'Etat, contre laquelle par conséquent tout ce que fait l'Etat est nul de soi ; *e*) la société domestique et l'individu, avec des droits antérieurs à l'Etat, que le Pouvoir a mission de protéger et qu'il ne saurait violer. Redisons-le donc avec saint Augustin : *Lex esse non videtur, quæ justa non fuerit.*

2° Mais, avons-nous dit, pour qu'une loi humaine soit

---

(1) « Reipublicæ status, ut pote omnium jurium origo et fons, jure quodam pollet nullis circumscripto limitibus. XXXIX. — Morum leges divina haud egent sanctione, minimeque opus est ut humanæ leges ad naturæ jus conformentur, aut obligendi vim a Deo accipiant. LVI. — Jus in materiali facto consistit, et omnia hominum officia sunt nomen inane, et omnia humana facta juris vim habent. LIX. — Auctoritas nihil aliud est nisi numeri et materialium virium summa. LX. »

ainsi sans force obligatoire, et qu'on puisse la regarder
comme nulle, il faut que l'injustice en soit *suffisamment
constatée*. — Le simple doute sur la légitimité de l'acte du
Pouvoir, ne suffirait pas à affranchir de la loi ; *stat prœ-
sumptio*, dit un axiome de droit, *pro legislatore*. — D'autre
part, nous sommes enseignés par l'Eglise : et l'Eglise
conserve pures les vraies notions du juste et de l'injuste ;
elle ne cesse de promulguer, dans leur intégrité, les pré-
ceptes de la loi divine, détermine sûrement les droits
qu'elle tient de son divin Fondateur, non moins que les
droits imprescriptibles et inaliénables de l'individu et de
la famille : le Catholique reconnaît donc aisément et avec
certitude, quand une loi humaine est injuste et ne saurait
s'imposer aux sujets ; quand l'accomplissement en serait
intrinsèquement mauvais. De plus, dans les cas de doute,
l'Eglise, si elle le juge nécessaire et que le bien l'exige,
prononce : et toute incertitude est ainsi levée.

Ainsi nous savons, d'après les décisions de l'Eglise, que
des catholiques ne peuvent approuver « un système d'é-
ducation placé en dehors de la foi catholique et de l'autorité de l'Eglise, et qui n'ait pour but, ou du moins pour
but principal, que la connaissance des choses purement
naturelles et de la vie sociale sur cette terre (1) ; » nous
savons aussi ce que pense l'Eglise de cette doctrine, que
« les lois morales n'ont pas besoin de la sanction divine. »
Il nous est facile, en possession de ces vérités de juger si,
oui ou non, l'Ecole *sans Dieu*, ou même simplement l'Ecole
dite *neutre*, est radicalement mauvaise ; si la loi qui pré-

---

(1) XLVIIIe proposition du *Syllabus* : « *Catholicis viris probari potest
ea juventutis instituendæ ratio, quæ sit a catholica fide sejuncta, quæ-
que rerum dumtaxat naturalium scientiam, ac terrenæ socialis vitæ fines,
tantummodò vel saltem primarium spectet.* »

tendrait en faire une obligation viole, oui ou non, les droits les plus sacrés de l'enfant comme des parents.

3º En disant qu'une loi injuste n'obligeait pas *par elle-même*, nous avons insinué qu'il pouvait, accidentellement et indirectement, en résulter certaine obligation pour le sujet. Si en effet, des citoyens, en ne pas se conformant à une loi injuste et qui viole leurs droits, devaient gravement scandaliser ou être l'occasion de troubles, la Charité, qui est l'amour de la paix et du bien social, pourrait leur faire un devoir, non pas de se soumettre à la loi, qui n'existe pas, mais de se conformer à ce qu'elle prescrit, pour éviter un plus grand mal. Nous supposons le cas où l'accomplissement d'une telle loi ne serait pas *intrinsèquement mau-vais*, ou n'aurait pas pour effet de consacrer la violation de droits *essentiels*, soit de l'Eglise, soit de la famille ou de l'individu.

§ 3. — *De la conduite à tenir envers les lois injustes.*

La question peut se poser : — pour ceux-là mêmes qui sont appelés à porter la loi ou qui concourent à sa confection ; — pour les personnes chargées de l'appliquer, ou de la faire exécuter, d'en juger et punir l'infraction ; pour les sujets auxquels elle prétend s'imposer. Il s'agit surtout des derniers.

En ce qui concerne toutefois les deux premières classes de personnes : *a*). Il est certain d'abord, qu'il ne peut jamais être permis de porter une loi injuste : *b*). Le législateur, en le faisant, serait d'autant plus coupable, qu'il s'agirait d'une loi opposée à la loi divine, violant les droits de l'Eglise, ne respectant pas les droits essentiels de l'individu ou de la famille. Ainsi il y a peine d'excommunication, spécialement réservée au Souverain Pontife, contre ceux qui portent des lois ou des décrets violant la liberté ou les droits de l'Eglise : « *Edentes leges vel decreta contra libertatem aut jura Ecclesiæ.* » (Bull. *Apostolicæ sedis*, VII). c). C'est donc un devoir pour le Législateur de n'édicter une loi qu'après avoir porté un jugement prudent sur le caractère licite de sa loi. *d)* La même responsabilité morale est encourue par tous ceux qui, membres d'une assemblée législative, ou composant pour une partie le pouvoir, comme dans les Etats constitutionnels, concourent à faire la loi, la signent ou promulguent : sans que, dans ce dernier cas, ils puissent invoquer, pour se couvrir ou dégager leur responsabilité, un article de *constitution.* La raison d'Etat peut bien, aux yeux de quelques-uns, les absoudre : la loi éternelle, qui oblige toujours et partout, les condamne. *e)* Il n'est pas davantage permis de concourir à l'exécution d'une loi injuste : surtout quand cette loi serait une violation de la loi de Dieu, des droits de l'Eglise, des libertés essentielles de l'individu ou de la famille. On ne peut donc ni veiller à ce que la loi s'observe ; ni en requérir, comme ministère public, l'application ; ni prononcer, en qualité de juge, une sentence qui condamnerait les délinquants.

Nous avons, maintenant, à résoudre la question pour es sujets.

On se demande premièrement, si l'on peut obéir et se soumettre à une loi injuste ; — secondement, si l'on peut et si l'on est tenu de lui résister.

1° Peut-on obéir à une loi injuste, c'est-à-dire se conformer à ce qu'elle prescrit et prétend imposer.

Il faut distinguer : ou la loi est opposée à la loi naturelle et divine, aux droits essentiels de l'Eglise, de telle sorte que l'accomplissement en serait intrinsèquement mauvais, ou qu'il ne saurait être jamais toléré par l'Eglise ; et alors l'homme doit tout subir, la mort même, plutôt que de s'y soumettre. La violation, en effet, de l'ordre divin est le mal absolu, auquel doit être préféré tout autre mal, fût-ce la mort ; *mori, non fœdari.* C'est le cas de redire avec les Apôtres : « *Il faut obéir à Dieu plutôt qu'aux hommes.* » Donc, s'il devait y avoir danger prochain pour la Foi d'un enfant à fréquenter toute école dite *neutre,* ou *sans Dieu,* le père serait obligé à tout souffrir, plutôt que de se soumettre à une loi sectaire qui lui imposerait la fréquentation de cette école pour son enfant.

Mais la loi, quoique injuste, ne lèse que les droits des citoyens, sans que la chose prescrite soit intrinsèquement mauvaise, le sujet peut-il se soumettre à la loi? Oui, pour éviter un plus grand mal. L'Eglise elle-même, placée en face de lois injustes, se résigne quelquefois, sans accepter la loi, à ne pas exercer temporairement certains droits, quand toutefois l'exercice de ces droits peut être suspendu, sans que l'organisme divin de l'Eglise doive en être *essentiellement* atteint.

2° Peut-on et doit-on résister aux lois injustes ?

Les théologiens distinguent deux sortes de résistance : la résistance *passive* et la résistance *active.*

La résistance *passive* consiste à tout subir, jusqu'à la mort, plutôt que de céder et que de poser l'acte prescrit par la loi. C'est la résistance héroïque des martyrs. D'après ce que nous avons dit : — elle est obligatoire, quand il s'agit de lois prescrivant des actes intrinsèquement mauvais, ou qui ne sauraient, en aucun cas, être tolérés par l'Eglise. — Si la loi ne lèse que les droits de l'homme : la résistance passive est, par elle-même, licite ; elle peut être louable, souverainement méritoire, obligatoire même, dans certaines limites et pour certaines classes de personnes principalement, quand il s'agirait *a)* de droits plus essentiels à défendre, important directement et immédiatement au bien public de la société; *b)* d'attentats plus graves contre ces droits; *c*) de desseins plus perfides de la part du Pouvoir qui a porté la loi; *d*) de résultats plus funestes à craindre, au cas où la loi serait mise en vigueur et passerait dans les mœurs. Voilà pour la résistance *passive*.

La résistance *active*, selon le sens que lui donnent communément les Théologiens, consiste à repousser par la force la tentative du Pouvoir, usant de contrainte pour imposer sa Loi; c'est la force opposée à la force. — Par résistance active on peut aussi entendre l'action légitime, à l'aide de tous les moyens légaux, pour écarter ou faire rapporter une Loi injuste; briser le joug intolérable et funeste qu'on voudrait par là imposer à une nation: comme aussi la protestation et revendication de ses droits, en face des agents du Pouvoir qui veulent faire exécuter des mesures injustes décrétées par une Loi. Ce posé,

La résistance *active*, en thèse générale, n'est pas permise en face du Pouvoir constitué; les martyrs sont morts sans se défendre. Cette résistance, presque toujours, loin de délivrer d'une oppression injuste, tournerait au détriment de la société. Y a-t-il cependant quelques cas exceptionnels où elle peut être admise? De graves théologiens l'ont pensé; nous n'avons pas à nous prononcer sur cette question.

Quant à la seconde sorte de résistance active: elle est toujours permise en soi. Bien plus, quand il s'agit de lois opposées directement et immédiatement au bien public ou violant les droits essentiels de l'individu et de la famille, à plus forte raison si elles contredisent la Loi de Dieu, cette résistance, telle que nous l'avons expliquée, est un devoir suprême, devant lequel cède toute considération d'un ordre inférieur, dont rien ne saurait détourner et qui doit trouver infatigables dans leurs revendications, l'homme et le chrétien. Pour plusieurs, dans certains cas, cette résistance ne saurait suffire; Dieu demande davantage. Seuls,

les Confesseurs ont la puissance de reconquérir et d'assurer par leurs souffrances, par les persécutions endurées
pour la justice, la liberté sainte qu'on voudrait ravir au
fidèle. « *Accingimini*, disait Judas Macchabée à ses frères,
*et estote filii potentes, et estote parati in mane, ut pugnetis
adversus nationes has quæ convenerunt adversus nos, dis-
perdere nos et sancta nostra, quoniam melius est nos mori
in bello, quam videre mala gentis nostræ et sanctorum.
Sicut autem fuerit voluntas in cœlo, sic fiat.* »

200 — Grenoble, imprimerie Baratier et Dardelet. — 8226